叶光明圣经教导系列书籍

天父

叶光明 著

叶光明国际事工团队

天父
Father God

叶光明国际事工版权 © 2018
叶光明事工亚太地区出版
PO Box 2029, Christchurch, New Zealand 8140
admin@dpm.co.nz
叶光明事工出版
版权所有

DPM 59-B121

ISBN: 978-1-78263-639-7

作者的话

一个宣告

如果有人问，你真认识你的父亲吗？你会如何回答？而这个重要的提问，正是本书主旨。这个主题关乎我们每一个人的生命，影响我们每一天的生活。下面的信息主旨就是"认识你的父"—尤其是，认识神是你的天父。

在探索这个主题以前，我想先带大家做一个宣告。这宣告取自约翰壹书三章1-3节，倘若你阅读本书的场所适合大声宣告的话，我邀请你和我一起大声宣告：

你看父赐给我们是何等的慈爱，使我们得称为神的儿女；我们也真是他的儿女。世人所以不认识我们，是因未曾认识他。亲爱的弟兄啊，我们现在是神的儿女，将来如何，还未显明；但我们知道，主若显现，我们必要像他，因为必得见他的真体。凡向他有这指望的，就当洁净自己，像他洁净一样。

以下我将深入探讨，认识神是你的天父究竟是什么意思。当耶稣教导我们"主祷文"时，曾指示我们这样开始祈

天父

祷："我们的父……"，因着耶稣的教导，我们都有了正确又适当的语言用以祷告。但这里出现一个问题：我们真有认识他是父的这经验吗？还是"我们的父"一词，只是句熟悉的宗教用语呢？

两大关键要素

　　我真的认识神是我的天父吗？是否有这真实经历，对我们极其重要，为了帮助大家好好面对这件事，我要用一节基督徒常听到的经文作为开始，约翰福音十四章6节，耶稣说：

　　我就是道路、真理、生命；若不借着我，没有人能到父那里去。

　　这句话有两个关键要素：第一、道路，第二、目的地。道路是什么？很清楚，耶稣就是那道路。
　　目的地是什么？令人惊奇的是，很多基督徒从来没想过这问题。
　　耶稣说："若不借着我，没有人能到父那里去。"所以，耶稣就是那道路，但天父是目的地。
　　根据多年来的经验与观察，我晓得有许许多多基督徒"在道路上"，不过，他们从未真正抵达目的地。他们未曾亲自来认识神就是父，所以他们只是继续"在道路上"——他们过着美好的生活也领受许多祝福，但却错过耶稣来的真正目的与缘由，他来是要带我们回到父那里去。
　　第一部"父神"的内容就是要帮助你解决这个重要问

天父

题，以及如何应用你在个人身上。

1 就发生在我身上

对于发现目的地—到天父那里去，我个人有极清楚又明确的经历，因那确确实实发生在我身上。请容我举这个亲身经历为例，来说明"在道路上"和"抵达目的地"—认识神是我的天父，这两件事间的重大区别。

我的得救经历还满戏剧性的，发生在二次世界大战期间在某军营的半夜，时间是一九四一年，地点是在英格兰约克郡的海边小镇仕嘉堡（Scarborough）。那时我对于"得救"的教义一无所知，却有了亲身经历。（后来我才发现，有人是只知教义却不曾真实经历过。坦白讲，假如我可以选择的话，我宁可有经历而无教义。好消息是，你可以二者兼得！千万不要仅止于知教义而无经历。）

我亲自认识耶稣的那晚，就清清楚楚地经历了得救—我的人生从此戏剧性的、彻底的被革新了。此转变在日后与神同行的岁月中依旧延续，让我不曾变得冷淡退后。虽然有许多次我的表现不如应有的样子，但我从未背弃过神。几十年来，神赐福与我，又使用我到五十多个国家传讲福音。但还有一个经历在等着我，而那经历将使我大大改变，更胜以往。

一九九六年，我与众多亲朋好友和同工们一同庆祝我全职事奉五十周年，之后内人路德与我就前往夏威夷度假。我们租了一间小公寓，打算好好休息。不过，我们却根本不得休息。

事实上，当我回顾过往年月就感到非常惊奇，有许多次我们为了休息特地去到某地，结果却发现完全不可能休息。每回不管我们最初意向如何，最后总是不得休息，这几乎成了必然的结论。一九九六年那个特别的假期也不例外，我们去到夏威夷度假的结果是，我进了医院动手术而内人也随之病倒，总之发生许多干扰的事。

尽管有这些阻碍，但我们既然来夏威夷"休息"了，所以每天早上我们就坐在床上祷告和敬拜，也一起领圣餐。

无边软帽

有天早上我们刚结束一起敬拜和祷告的时间，还坐在床上没起身，就发生一件完全料想不到的事，而且清楚到身体有明确的感受。我发现有一股力量从双脚往上移动，到我的大腿而后再到身体。这同时，我又察觉有只手臂伸长到我右耳边，试图要把某个东西从我头上硬往下套，我只能形容那就像是被硬罩上一顶无边的软帽。

这两股力量拉扯着我——一个拉住我的身体，一个压着我的头顶。后来内人说，她看到我全身被这场角力攫住，"当时你的脸色整个发紫"，她说。那经历完全是客观可见的，不是我个人的想象或主观的经历。

有那么一会儿我不知道接下来会发生什么状况，突然之间，在我身上运行的能力胜过了那试图将软帽强压在我头上的手臂，那只手臂缩了回去，然后事情就这么发生了，我当下清楚经历到神是我的天父。从那一刻起，我经历到前所未有的方式，让我自然而然地能够呼叫"天父"。

若要了解上面所描述的经历，有件事你必须知道，到那刻为止，对于神的父性，我已具备教义上的知识许多年了，事实上，我甚至录制了三篇系列证道，题目就是"认识神是天父"。

相关理论我都知道，那是真理，正确无误。我所信的没有不正确或不真诚之处，但那时我所没有的，就是经历。我已找到那道路，并"在道路上"已有一段时日，但在此之前，我未曾抵达目的地。

2 来认识父

前面描述了我很长一段时间"在道路上"，可能许多信徒也有同样的经验，甚或你也是。这就是为什么我们要把焦点放在目的地—来认识天父，因为实在太重要了。我在夏威夷那次经历使我整个人生起了很深的变革，尤其是对我的祷告生活。

你可能知道，我是英军背景出身的。家族中每一个我接触过的男性，几乎都当过军官。如同那些亲戚一样，我也是个纪律型的人，此外，幸运的是我获得非常真实而彻底的得救经验—我从未怀疑自己是否得救，但是我在这里所描述的经历，对我却是全新的启示——认识神就是天父。

我为我的父母和祖父母感谢神，他们都是很好的人，他们所具有的责任感也是现今社会很少见的。但是，谈到对什么人拥有父亲的感受，这却是我们家族所欠缺的。

在我们家，没有人惯于拥抱任何人。我最温馨的回忆之一，是在我九岁那年将前往寄宿学校时，我戴着我小小的圆顶硬礼帽，害羞地在公开场合上跟我母亲亲吻道别，我想我也从来没有过被父亲抱在膝上的经验吧，我们家人的关系一向不是以那样的方式表达。他们都是有品德、有责任感的善良之人，但是爱、亲密与自由，属于那个层面的经验，却是我们从不知道的。

像许多基督徒一样，当我受圣灵的洗时，我经历到新的自由与能力的浇灌，但是像那次在夏威夷的小公寓里所经历的突破，却是生平第一次。当那个无边软帽被拿走后，我即刻知道：神，就是我的天父。

一股黑暗势力

关于那"无边软帽"的经历，我有一番来自属灵争战领域上事奉多年得来的心得。透过曾为许多人得医治与释放的祷告事奉中我发现到，童年之于我们整个属灵经验，往往具有决定性的影响。以我为例，我虽是英国人，但其实出生地是印度的班加罗尔（Bangalore），我在那里住到五岁。

印度这个国家至少存在着三百万个神祇，我想，其中有

天父

一些可能也尾随了我不少年吧。事实上，我这一生有很多次都察觉到身边有某种黑暗势力环伺。

虽说我已得救、受了圣灵的洗、说方言、为人祷告，也看见生病的人得着医治，但是我似乎总是察觉到背后一直有股黑暗势力萦绕不去，我相信那是某个印度的神祇，我相信我知道那名字。（不在此提其名号，是因为圣经明令"我的嘴唇不提别神的名号"。）

申命记十二章3节说："砍下他们雕刻的神像，并将其名从那地方除灭。"所以我不在此提其名字，但我相信这个印度神祇长期尾随着我，差不多有五十年之久，直到在夏威夷那次我经历灵里的突破，那股黑暗势力才彻底消失，未再返回。

如我所言，依我在属灵争战的事奉领域上的所见（而且是相当密集的），童年发生的事—即使是仍在母腹中，尚未出生前就发生的，有时却是最具决定性，也往往最难处理的。需要让圣灵来工作，挖出隐藏的事，并向我们显明如何处理那些问题。可能你也有这情形，愿这部"父神"的内容不但能带你认识神是你的天父，更能使你在属灵的自由上提升到新的境界。

3 耶稣—终极的信使

请容我先做个免责声明，我不是心理学家，也非精神科医师，我只是传道人，但自从在夏威夷的那次突破以后，我的属灵经历就不断更新并加深。我的目的是为提供你一个圣经的基础，使你也能进入与父神的关系中，以下所分享的，不只是基于主观的个人经验，更是扎根于神话语的稳固根基。

首先我们来读希伯来书一章1-2节：

神既在古时借着众先知多次多方地晓谕列祖，就在这末世借着他儿子晓谕我们；又早已立他为承受万有的，也曾借着他创造诸世界（或译：众世代）。

这两节经文对照了两种晓谕方式，神借着先知说话，也借着他的儿子说话，却是用完全不同的方式。不是人的不同，而是方式的不同。我喜欢慕安德烈（Andrew Murray）的翻译方式说"借着儿子的智慧向我们说话"（spoken to us sonwise），神用这第二种方式向我们说话，采取的是一种不同的进路。

众先知可以揭示神的信息，但是当神要启示他自己是父，全宇宙只有一位能做，就是圣子。为了这个缘故，圣子来到世上—不单是为了成全和实现众先知的信息，也是为呈现先知所不能传达的启示。耶稣来，是要带给我们天父的启示，这启示是唯独耶稣能够做的。

谁能将天父完美地启示出来？

在约翰福音十七章有一段经文祷告被后世称作"耶稣的大祭司之祷"，耶稣被钉十字架的前夕，代表他的门徒—就

天父

是当时与他同在那楼上房间的人，向天父做了这个祷告，其中（约翰福音十七：6）有一句祷告词说：

> 你从世上赐给我的人，我已将你的名显明与他们。
> 他们本是你的，你将他们赐给我，他们也遵守了你
> 的道。

我要针对这节经文向你提出一些提问，是有关两方面的事，首先，耶稣的名彰显了什么？别忘了，大约十四个世纪以来，犹太人所熟悉的名是"耶和华"或"雅威"。这是犹太人心目中神的圣名，无法发音，只能写出来。他们认识那个名字，那名字对他们并不陌生。

但耶稣显明给门徒的是什么名字呢？当你读"大祭司祷文"就会找到，是什么名字？就是"父"。这名在约翰福音十七章里出现了六次，耶稣来是要显明父的名。显明（彰显）这个词很重要，因为耶稣来不只是要谈论关于"父"的名，更是为要显明这名。

第二个提问是，耶稣如何将父的真实显明与门徒呢？就是把神儿子的模样活出来。耶稣从不曾惊慌、从不曾疑惑、从不曾失望，从来不会不知道要做什么。为何？因为父一直与他同在。

门徒从耶稣的生活看到完全不同的生命，他们对众先知耳熟能详，他们对摩西耳熟能详，他们对那些行过了不起的神迹奇事、说出大能话语的人，也都熟悉。但是，眼前这一

位的生命却是显明了他有一位天父上帝。

耶稣，用在地上的一生，从开始到结束，来彰显"父"的名，这就是他来到世上的原因，这就是为什么神差他来的原因，因为唯有圣子才能将圣父显明出来。众先知可以谈论和教导关于神的事情，但他们无法将他显明出来，更不能够彰显神。唯独圣子能够将圣父启示与人。

唯独圣子

在马太福音十一章27节，耶稣说到自己与天父的关系：

> 一切所有的，都是我父交付我的；除了父，没有人知道子；除了子和子所愿意指示的，没有人知道父。

"除了父，没有人知道子；除了子和子所愿意指示的，没有人知道父。"此话非比寻常！

基于这一节经文，我要先声明，我无法将父神显明给你看，也没有哪个传道人能做得到。只有一位，能将圣父启示出来，就是圣子。

如果你要认识圣父，必须藉由圣子的启示，此外别无其它方式可认识父神。

天父

历久弥新的安慰之言

我喜欢马太福音十一章里这段大家耳熟能详的话，历世历代以来不知使多少人得了安慰：

> 凡劳苦担重担的人可以到我这里来，我就使你们得安息。（28节）

这段话的希腊原文极其生动有力！所有劳苦、背负重担的人，所有觉得快走不下去的人，所有怀疑到底能不能度过难关的人，耶稣说："来吧，到我这里来，我要使你们得安息。"

> 我心里柔和谦卑，你们当负我的轭，学我的样式；这样，你们心里就必得享安息。因为我的轭是容易的，我的担子是轻省的。（29-30节）

对耶稣而言，他的轭和担子是什么呢？就是遵行父的旨意。他说："如果你在劳苦挣扎，如果你心中疑惑，如果你焦虑不安，如果你失望挫折，如果你不满意你过的生活，那么到我这里来吧。我可以将父显明与你，而那将是改变你一生的启示，且必带给你全新的归属感，领你进入真正的安息。"

让我问你："你真的能享受安息吗？"我想你会同意，现今世代实在缺乏安息。要在世上寻找安息，是找不到的，你可知什么叫安息？你可知什么叫无忧？

真正能找到安息的地方只有一处——天父的怀抱里。耶稣能将父显明与你。我不能，我只能告诉你相关的事，但我能为你祷告。唯独耶稣能将父显明与你，并领你进入他的安息！

4 认识父的结果

我在第一章时分享了我与内人在夏威夷那次改变更新的亲身经历。那尾随我大半辈子的黑影，被圣灵的大能彻底驱除了，突然间，有生以来第一次我认识到神就是我的天父。五十年来我虽拥有正确的教义，但一直不晓得原来我从不曾亲身经历，直到那次灵里的突破！

前三章中我们检视了一些经文，以强化我那次的经历，从经文的讨论中有一个客观的、合乎教义的基础，让你也能站在这基础上请求耶稣基督将父显明与你。如前所述，唯独圣子能将圣父启示出来，那正是他定意要为你做的。

四大益处

与天父建立亲密关系，为我的生命带来美好的祝福。受限于时间与篇幅的关系，无法在此将我所蒙的福一一述说。仅就本篇章的要旨，强调下列因认识天父而带来的四个重要结果。

天父

1.个人的身份认同感

一旦你认识天父，就同时也认识了你自己真正的身份。一个人的身份认同是由父亲而来的，圣经从头到尾皆可见的家谱，读来可能枯燥乏味，譬如"某某是某某的儿子"，"某某生某某"之类的，但是在这些纪录背后有一个目的，赋予一个人身份的要素是，此人有一位父亲并且他认识这位父亲。

即使今天我们使用的英语已改变很多，仍有许多姓氏反映此一真理；有些姓氏是从父亲的名字变化而来的，好比：威廉生（Williamson威廉所生的）、约翰生（Johnson约翰所生的）、汤普生（Thompson汤普所生的）。

环顾现今，所见的世代基本上是一个没有身份的世代——这一代年轻人缺乏身份认同感，他们被称为X世代，然后又有Y世代，到底这X和Y代表什么呢？尽是些未知的代号。这世代中有太多人根本不知道自己的身份。

我相信，如果我们能将真实身份的知识，传递给这个世代和未来的世世代代，必能引发极大的响应与影响。数以百万计的年轻人漫无目标的生活着，或迷失、或迷惑、或困惑，只因为他们不认识天父。我相信除非他们来认识天父，否则他们一生将无足轻重地过去。

看到这里，也许你心想："这是在说我吧……"可能你也感觉自己其实不知道自己是谁，也或许你觉得自己像是个不具身份的"无脸人"（faceless），漂浮无根，到哪里都无

16

甚价值。假如你是这样的话，原因就出在你没有一个真实的身份。或许你可以套上某种"身份"，就好像穿上件衣服或是刻意装扮，但你知道那不是你真正的、真实的身份。

如果你渴望知道自己真正的身份，我想你一定渴望的，只要你认识神是你的天父，就会找到你的真实身份，你一定可以的。

2 天上的家乡

当你认识天父的第二个好处是，你会有个天上的家乡。从我得救的那一天起，我一直相信，只要我持守信仰—忠心事奉神，最后我一定能上天堂回到天家。我向来知道天堂是我的终点，然而，我从来没有真正把天上当作我的家乡，直到我认识了天父。

你明白吗，家乡的意义就在于家乡有父亲在。自从有了夏威夷的经历后，我就对内人说："路德，我死了以后，如果妳不为我立墓碑也不打紧，但如果妳要为我立墓碑的话，我希望墓碑上刻两个字就好：Gone Home（回天家了）。"

我想到我们在夏威夷所认识的一位老姊妹，她是我们的忠实老友，忠心事奉主许多年。当我们夫妻在夏威夷时，与她常有互动。最后一次见到她时，她因癌末将不久人世，她所属的信徒团契轮班守在她病床旁，每天每个小时都有一个人陪着她。她总这么说："我从来没见过天使，好想看

17

天父

到天使喔。"在她离世那一天,就在她咽下最后一口气前,她突然从床上坐起来,伸长双臂,说:"我看见他们了!我看见天使了!"说完,她就咽气了。天使们来带她回家了。

现在让我们将焦点放在"回到天家"上,但让我先问你一个问题:你期待以什么样的方式回家?

路加福音十六章记载了一个故事,说有一个讨饭的常常被带到财主门口,这个讨饭的叫拉撒路(但可不是后来耶稣使他复活的那个拉撒路)。一天又一天,拉撒路躺在财主家门口,生病而且浑身生疮,但他是信神的。甚至狗也来舔他的疮,连狗都可怜他。

路加福音十六章22节说:

后来那讨饭的死了,被天使(angels)带去放
在亚伯拉罕的怀里。

这句话令我感动的是,经上记的不是只有一位天使,而是众天使(angels)。我想,拉撒路那样瘦弱的身躯,一个天使来护送就足够了吧,但是神差遣许多天使来护送这位躺在街上的可怜乞丐。

故事接着说到那位财主:"财主也死了,并且埋葬了。他在阴间受痛苦,举目远远地望见……"两个人的结局差别多大啊!我深信神是真的希望差遣许多天使来

接信他的儿女回天家。为什么我们要孤零零一个人回家？难道不应该有护送队伍吗？神的天使多得不得了，绝对可以有大队天使护送我们每一个人回到天家。

年轻时，我读约翰．韦斯利的日记深受感动。韦斯利显然认为一个信徒怎么过世是非常重要的。有一天他接到一个消息，说循理会某位姊妹过世了，他立刻问说："她是在荣耀中走的，或只是走得很安详而已？"

你要以哪种方式离世？仅仅走得很安详而已吗？还是你相信将有一队天使护送你荣耀地进入天父家中呢？神是你的天父，那么一切就不同了，你有一个家，你不是流浪儿，你没有迷路，你是走在通往家乡的路上。

3 全然稳妥

因认识天父而来的第三个好处是：全然稳妥。在马太福音十章29节，耶稣对门徒说：

> 两个麻雀不是卖一分银子吗？若是你们的父不许，一个也不能掉在地上。

这节经文里耶稣说两个麻雀卖一分银子，路加也记载了同一件事，路加福音十二章6-7节告诉我们，五个麻雀卖两分银子，所以大概是买四送一吧。麻雀实在没多大价值，五只只卖两分钱。然而耶稣说："若是你们的

天父

父不许，一个也不能掉在地上。"接着第7节，耶稣指出：

不要惧怕，你们比许多麻雀还贵重！

你应该看过父亲抱着小孩的画面，孩子的脸颊紧贴着父亲的胸怀，纵使周围一片吵杂，纵然四周土崩瓦解，但那小孩一点不受惊扰，为什么？因为靠在父亲的怀中。

天父就是要我们这样，安全地依偎在父的膀臂中。不管风暴肆虐，无论邪恶侵袭，神希望我们说："我在我父的怀抱中，作他的小孩，我心满意足。"

我们每个人都有这一份渴望，不管我们年纪多大，即使老迈，我仍喜欢把自己想成是在父怀中的孩子。

在约翰福音十章29节，耶稣说：

我父把羊赐给我，他比万有都大，谁也不能从我父手里把他们夺去。

当你在天父膀臂中，没有任何事物能把你夺走。现今这时候最是需要稳妥在天父手中的世代，我们周遭的世界不会越来越美好，请相信我，这世界只会越来越黑暗、越来越残酷。

人生不会越来越轻松，危险不会越来越少。事实上，十有八九是更加危险。明白了这点，最最重要的就是知道你在天父手中是稳妥安全的。耶稣说："我父比万有都大，谁也不能把你从父的手里给夺走。"

4.真实的动机

最后一点，事奉天父的真实动机来自认识他。我认为基督徒常忽略这个真理，在约翰福音八章29节，耶稣说到自己与父的关系：

> 那差我来的（父）是与我同在；他没有撇下我独自在这里，因为我常做他所喜悦的事。

耶稣服事的动机是什么？是为了成功吗？是为了受人欢迎吗？还是单单为了讨父喜悦？讨父喜悦是耶稣的动机，我相信我们基督徒也迫切需要恢复这单纯的动机，这对基督的身体实在太重要了。

坦白讲，今天教会的问题核心是事奉者与事工之间的竞争："我手上的邮寄名单是不是数目最庞大的？来参加我聚会的人数是不是最多的？我上的电视节目是不是收视率最高？"

人们以为成功能提供安全感。其实并不是，你越成功反而会越没有安全感，因为唯恐出现任何一点闪失。可能别人握有的邮寄名单更庞大，吸引更多人参加聚会，上的节目比你更多。请问你的安全感在哪里？安全感真的需要来自你的动机。耶稣说他的动机是要"做父所喜悦的事"。

请容我再次回顾认识父的四个好处，来作为这一章的结束，因为这四个好处对我们非常重要。

天父

1. 个人的身份认同：认识父有助你了解你的真实身份。

2. 天上的家乡：认识父可确定你永恒的归宿，最终你将回天家与父同住。

3. 全然稳妥：认识父可使你有信心，无一物也无一人能把你从他手中夺去。

4. 真实动机：认识父使你所做的一切有了最大的目标——讨他喜悦。

我将在本篇结尾时将再次探讨这四个好处，不过，在接下来两章我将扩大并更深入探讨第四点：真实动机，这个主题。我将分享个人在动机与成功领域上的一些见证，希望以下的讨论能帮助我们发现，当我们凡事都为了讨父的喜悦而做时，将带给我们莫大的能力与满足感。

5 真正的成功

我到老年才发现，认识神是我天父的这个经历，彻底改变了我做事的动机。从儿时起，在我年纪还小的时候，就是一个非常成功导向的人，刚好我的各方表现也算成功，求学时在班上一向名列前茅，少年时即获得进入伊顿（Eton）的奖学金，从伊顿又获得剑桥国王学院（King's College）的奖学金。在剑桥国王学院，我成了同侪之间的高级进修生，在二十四岁年纪还非常轻的时候就被选为研究员（Fellowship），所以我深知成功的滋味，但是，成功并没有带给我安全感。

在幻灭感日益增强之下，我成了特立独行的"嬉皮"人物，虽然那时代尚未有任何真正的嬉皮出现。二次世界大战爆发，我因良心缘故而拒绝服役。决定踏出这一步对我是很不容易的，因为家父是上校，祖父是少将，叔叔是英国陆军准将，所以我拒服兵役的行为，实在有违家族传统！

由于政府征兵程序的缘故，我必须前往裁决法庭，负责裁决服役立场者刚好是国王学院的副校长，他问我："那么你愿不愿意在非战斗单位服役？""可以，只要我不必杀人，都可以。"于是我就这样被派赴到皇家陆军医疗队服役。

我只能说我真的不适合走军人这一行，但是，偏偏我就是在任军职那段时间得救的。假如我一直穿着我的研究员外袍（Fellow's gown）穿梭在剑桥的草地间，或到研究员的酒吧小酌，我想我会永远认为不需要上帝。但是，当入伍以后，这些舒心的事都没了，我生活的惬意程度顿然降到最低。

但因着一个不寻常的晋级，我成了"本地代理无薪一等兵"（简称L-A-U-L-C），不熟悉英国陆军编制的人，看到这一排大写简称，多半会问我那是个什么职位？我一律回答："像一只小虫又不是一只小虫的职位。"但我就是在那样的人生小站得救的，就在那里，神从根本彻底地改变了我。

天父

上升之路是往下走

我常说，晋升是跟着得救而来。我的晋级完全违背陆军的规定（因为我是出于良心而拒服兵役者），但晋级之后，我立刻被安排去上"非委任军士课程"（non-commissioned officer's course，译注意指：非由军方任命，而是由上级军官任命的无官衔的军士）。

由于我家世背景的缘故，所以要我站在广场上对着一群士兵喊口令，一点问题也没有，甚至可说是我的第二天性。我轻易地通过了课程，结束训练后接到晋升为下士的命令。正如我所说："得救带来晋升。"

当时的司令官丹恩．麦克维克上校（Col. Dan McVicker）是一位北爱尔兰来的医生，上级派他来传达这晋级的消息。如果你不曾在英国陆军待过，对于无法理解的事情，是有一些方式可应付的。所以我要试着用以下对话来向你说明当时的情形。

麦克维克上校对我说："早！叶下士。"

我回答："长官早！"

他接着问："伙食怎么样？"

我被问得措手不及，但是已经在陆军待了几个月，多少学会一点判断力，就是"少说为妙"。所以我就给他一个无关痛痒也不带个人意见的回答。

我说："跟平常差不多。"

（若真要问我个人的看法，老实说伙食糟透了。）

麦克维克上校说："你知不知道你是这个单位的伙房下士？"

我说："不知道，长官，没有人告诉我。"

"好，"他说："我们想要给你晋级，但是现在除了伙房以外，没有下士的缺，所以我们要升你作伙房下士。"

求神怜悯我啊，我从来没有进厨房、煮过任何东西！但我就是在那段期间遇见神—当我像一只小虫又不是一只小虫的时候。

那时我里面仍有追求成功的驱策力，我仍充满十足的成功导向心态。不过，我不像世人那样重视在军队里的成功，当然更没料到会被晋升为军官，尽管我的确期待在服事上成功，但神却把我带到一个几乎完全失望的境地。

作为牧师，我经常在伦敦主领聚会，每星期有三天我在"大理石拱门"的演说者之角举办聚会。我们看到许多人得救、得医治，也看到人受圣灵的洗（在当时，那样的经历仍十分罕见）。

然而我却有一个严重的问题：忧郁症。在我内心深处有个声音说："别人都可能成功，但你不可能。"所以神容许我下到最底层，然后，他向我显明，原来我被忧郁的灵所搅扰—那灵沉重的压在我心头。当他开启我眼睛，看到这出于邪灵的病症，我就求告主名而获得释放。尽管如此，神还是得让我下到最底层，然后再把我从最底层，救拔上来。

天父

内心的动机

从那以后，我的服事才开始有点所谓成功的味道。但是成功并未带来安全感，如我所说，你越成功，就可能越因别人的成功而感到威胁。

我当然很想相信这问题在基督肢体里根本不存在，但我知道问题确实存在。我认识非常多教会领袖都有这种心态："这是我的教会，我是这里的牧师，这是我们的运动，我们是最具规模的……"我不是要批评追求成功的渴望不好，这些教会领袖大多是非常好的基督徒，我只想强调一个重点：成功并非通往安全感之路。

其实安全感非常简单，其核心就是认识神是你的父，并以讨他喜悦为目标。无论任何情况你都能以这个渴望作为积极向上的动机。

例如，当你碰到交通堵塞，肯定迟到了，只见你坐在驾驶座，气呼呼的紧握着方向盘，心急得不得了。可突然间你问自己："我在干嘛？我这样做，能讨天父喜悦吗？"不管你处在什么样的环境，最重要的是你的反应。无论你在哪里，都要讨天父的喜悦。

可能我们还无法充分掌握，在每一件事的过程中都讨天父的喜悦，但是总可以一次比一次更接近。对我来说，我希望被这股讨天父喜悦的强烈欲望所掌管，任何其它服事的动机，都不能用来交换。

只要基督门徒和基督身体的领袖秉持此动机服事，就不会有互相竞争的空间。如果我们每一个人都站在讨天父喜悦的相同起跑在线，就决不可能互相竞争。此一正确动机里隐含一个秘密，可对抗我们竞争的倾向，这个秘密就是，因着认识父而激发的强大动机。

6 渴望父爱

在进入"父神"这一部的最后一章以前，让我再次简单回顾认识父神的四大益处。

第一，个人的身份认同。你知道自己是谁，是因为知道自己的父是谁。在这个无父的世代，我们知道人必需要有一位父亲，否则不会感到满足，作为基督徒，我们有这个荣幸能去告诉世人，天父爱他们，正在等候他们，他不是为要定罪他们、批评、挑剔他们所犯的错误和失败。他一直在等待人们回到他的身旁。我相信如果我们能将这信息传给现今这无父的世代，必有许多人奔向天父怀抱，因那正是他们所渴盼的。

但我们要如何传？唯有照耶稣向门徒传信息的方式，传递这个真理。不是靠口传，而是要靠活出神儿女的样式，纵使传道有其功用。我们要活在安全感里，不背负沉重压力，信靠他，因他的担子是轻省的，他的轭是容易的。

天父

凡是渴望父爱的人，看到有人的生命能如此，他们就会感渴望，而来问你："是什么让你跟别人不一样？为什么你不会紧锁眉头，为什么你不为金钱忧虑？为什么你无需服用镇静剂？"面对这些问题，你的回答是："因为我认识天父。他看顾着我，他供应我的需要。我的天父喂饱麻雀，也必喂饱我。"虽然这样的回答刚开始不一定容易说出口，但这是我们的目标，

也是唯一的解答。

第二，天上的家乡。我期待回家。在世上我已经走了很长一段路——五十多年了——有许多亲爱的弟兄姊妹已经比我先回家了，我期待跟他们再相会。死亡并不使我惊惧，但我必须小心，以免太"渴望"死亡。我相信我的工作尚未完成，我以完成他托付我的工作为最终目标。

耶稣在约翰福音四章34节说：

我的食物就是遵行差我来者的旨意，做成他的工。

几年前，神使我深深体会这节经文，我就到处对人说："我有一个新的目标。"他们就问："什么目标？"我回答："我的食物就是遵行天父的旨意，做成他的工。"

真理是，我们的家在天上。天堂对我越来越真实，有一些动人的诗歌现在虽然已经很少人唱了，但我仍要吟唱：

有时我想念天上的家，

想见天上大荣光；

何等喜乐见到我救主，

在那美丽黄金城。

唱这类诗歌可能让人觉得有点老土，但我喜欢这类诗歌。我原是一个个性非常复杂、非常理智、非常深奥的人，现在我极其简单，我只需知道天上有我的家乡，有一位爱我的父，有一位救主等待着我，而且已经有好多美好的弟兄姊妹比我先去到那处家乡了！

我曾在许多信息中提到阿里这人，他是多年前我带领信主的一位苏丹穆斯林。靠着神的恩典，我相信有一日他也将在天上，在那日他将对我说："谢谢你，因为你，我才会在这里。"

在天上，是否有谁会对你说这样的话："谢谢你，因为你，我才会在这里。"这是一个非常有意义而值得思考的问题。

第三，全然稳妥。相信前面的篇章中，已经将这个好处说明得很清楚了，但有些话值得再重述，那就是：你在天父的怀抱里，他的膀臂环绕着你—无人能把你从天父手中夺去！宇宙中无一势力能够把你夺去！

约翰福音十章29节，耶稣说："我父把羊赐给我，他比万有都大，谁也不能从我父手里把他们夺去。"我们的天父是最大的！最美好的父！高过一切神祇。他的手覆庇全宇宙每一个角落，他创造天使和众星辰，天上无数充满荣光的

天父

活物都敬拜他。即使如此，他却在等候像你我这样渺小的人与他相会，岂不令人惊叹？

第四，真实的动机。正如我一直强调的，认识父使我生命大大不同，尤其是给了我服事的真实动机。我不是为建立最大的事工，也不是要做最伟大的传道人，我只是想讨我的父喜悦。

你总会遇到无能为力的情况，比方坐在候诊室里，眼看还有其它约会安排，快迟到了，可是还没轮到你进去看诊，诊间的杂志都很无聊，也不想看，这时你该怎么办？这时可以操练你的态度—以你的反应来讨天父喜悦。讨天父喜悦的动机，在任何情况下都能适用的，只要我们能培养出这样的态度。

来到你父面前

你渴望认识父吗？我相信你渴望。

我已经说得很明白、很清楚，我不能将父显明给你。只有一位能，就是耶稣。但如果你真诚而谦卑的按着神的话语寻求耶稣，我相信他必按着他的方式与时间，将天父显明与你。现在我想给你一个响应的机会，让你向父请求这个改变人生的经历。

我知道曾经发生在我身上的事，但我没法预测你会如何经历。不过，如果你有这份渴望，很想认识神是你的父，那么何不现在就从位子上站起来，不管你身处何地，找个地方跪下来，向父神祈求说：

父神，我想要认识。我为耶稣献上感谢。耶稣是我的救主，他改变了我的生命。我知道我是属的！父神，但是我想要认识。我虽然已经踏在这道路上，但我想要进入最终的目的地。

我不能保证会有什么事发生，我也不知道你会如何，但我知道，神的眼目正看着你。如果你心中真正渴求认识他，耶稣已应许："饥渴慕义的人有福了！因为他们必得饱足"（马太福音五：6）。如果现在你心中饥渴，耶稣已经应许你必得饱足。

我邀请你，如果你心中饥渴，想要认识父神，现在就告诉他吧。来到他面前，向他呼求，等候他，他正等着听你渴望向他说什么。

结束前，让我为你祷告：

父神，求将自己显明给这位正在呼求的人。主耶稣，恳请垂听这位亲爱肢体的呼求，并向他显明父神，因为惟有你能。阿们。

天父

关于作者

叶光明（Derek Prince, 1915-2003）生于印度，父母都是英国人。及长于英国伊顿公学和剑桥大学就读，毕业后于国王学院主持古代与现代哲学研究。他也在剑桥大学和耶路撒冷的希伯来大学研究包括希伯来语和阿拉米语（Aramaic，亚兰语）等数种语言。

二次大战期间他服役于英军医疗团时，开始把圣经当作哲学著作研究，后来透过一次与耶稣基督面对面相遇，生命从此改变。那次相遇令他获致两项结论：第一，耶稣基督活着；第二，圣经是一本真实的、与现代人切身相关的书。这两项结论使他的人生大转向，从此他献身查考和教导圣经。

叶光明最大的恩赐是，简单又清楚地解释和教导圣经，帮助了无数人奠定信仰的根基。他跨宗派、跨门派的教导，无论什么种族和宗教背景的人听来，都感到贴切而获益匪浅。

他著作五十多本书，教导的录音带六百卷和影片一百一十卷，当中许多已被翻译成一百多种语言出版。他有个每日播出的广播节目，已被译成阿拉伯语、中文（厦门话、粤语、普通话、上海话、潮州话）、克罗地亚语、德语、马律加什人语、蒙古语、俄罗斯语、萨摩亚语、西班牙语和汤加语。这个广播节目仍持续感动着世界各地的听众。

叶光明国际事奉团队（Derek Prince Ministries

International）仍坚守福音事奉，将叶光明的教导带到一百四十多个国家的信徒当中，忠于托付"直到耶稣再来"。如欲了解最新讯息，请上我们的网站：www.ygm.services

天父

如何在智能手机上安装应用程序（App）

可复制网址到智能手机的浏览器，或使用二维码安装
适用于您智能手机的应用程序（App）

iPhone/iPad手机下载网址：

https://itunes.apple.com/sg/app/
ye-guang-ming-ye-guang-ming/
id1028210558?mt=8

若干安卓手机下载地址如下，供您选择：

https://play.google.com/store/
apps/details?id=com.subsplash.
thechurchapp.s_3HRM7X&hl

叶光明事工微信公众平台：

如果您对叶光明事工的资料有任何反馈或愿意作出奉
献支持事工，请email联络我们：

电子邮件 feedback@fastmail.cn

DPM59-B121

www.ingramcontent.com/pod-product-compliance
Lightning Source LLC
Chambersburg PA
CBHW060645030426
42337CB00018B/3462